# PARIENTES DE LOS DINOSAURIOS

por Janet Riehecky
ilustraciones de Diana Magnuson

THE CHILD'S WORLD

MANKATO, MN

*Con el más sincero agradecimiento a Bret S. Beall,
Coordinador de los Servicios de Conservación para
el Departamento de Geología, Museo de Historia
Natural, Chicago, Illinois, quien revisó este libro
para garantizar su exactitud.*

**Library of Congress Cataloging-In-Publication Data**
Riehecky, Janet, 1953-
[Relatives. Spanish]
Parientes de los dinosaurios / por Janet Riehecky;
ilustraciones de Diana Magnuson
p. cm.
ISBN 1-56766-125-4
1. Reptiles, Fossil--Juvenile literature. [1. Reptiles, Fossil.
2. Dinosaurs. 3. Spanish language materials.]
I. Magnuson, Diana, ill. II. Title.
QE861.R4918    1994
567.9-dc20                93-44237

# PARIENTES DE LOS DINOSAURIOS

Durante la época de los dinosaurios, vivían más de 350 clases distintas de dinosaurios. Reinaban cada centímetro de la tierra. Nada les obstaculizaba el camino.

Pero los dinosaurios no vivían ni en el océano ni en el cielo. Otros reptiles reinaban en esos lugares. Esos reptiles eran parientes de los dinosaurios, pero no eran dinosaurios.

Los reptiles que vivían en el mar eran tan extraños
e insólitos como sus primos, los dinosaurios. Algunos
eran seres enormes, tan grandes como ballenas. La
mayoría eran carnívoros feroces, que tenían unos
dientes largos y afilados y mucho apetito. Dominaban
el mundo acuático tan ferozmente como los
dinosaurios dominaban la tierra.

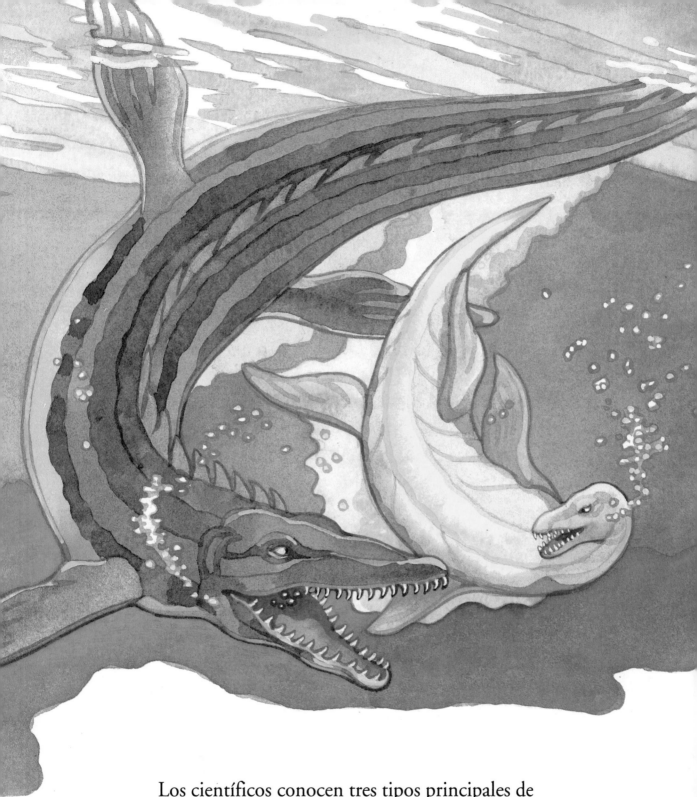

Los científicos conocen tres tipos principales de reptiles marinos: los ictiosaurios, los plesiosaurios y los mosasaurios. Cada uno de estos tipos era muy distinto de los otros dos.

Los ictiosaurios se parecían mucho a los peces. De hecho, su nombre quiere decir "lagarto pez". Tenían el cuerpo muy perfilado, aletas e incluso una cola como la de los peces. Pero los ictiosaurios no eran peces. Los peces respiran por las agallas que obtienen oxígeno directamente del agua. Los ictiosaurios tenían pulmones. Tenían que asomar la cabeza fuera del agua para obtener aire para respirar.

Los científicos creen que los ictiosaurios podían nadar muy rápidamente. Se parecían mucho a los atunes, que pueden nadar a velocidades superiores a los 40 kilómetros por hora. La habilidad de nadar tan rápidamente ayudaba a los ictiosaurios a atrapar peces y otros seres marinos.

*Oftalmosaurio*

*Mixosaurio*

Había muchas clases distintas de ictiosaurios.
Uno de los más antiguos se llamaba mixosaurio. Tenía
unas mandíbulas largas, que contenían muchos
dientes afilados. Otro tipo más reciente era el
oftalmosaurio. Tenía unos ojos enormes que quizás le
ayudaban a cazar en la oscuridad.

Uno de los ictiosaurios más famosos era el
Ictiosaurio, que dio su nombre a todo el grupo de
reptiles con forma de pez. Los científicos saben
mucho sobre el ictiosaurio debido al gran número de
fósiles extraordinarios que se han encontrado del
mismo, incluidos más de cien esqueletos. Algunos de
los fósiles aún muestran la forma del cuerpo del
ictiosaurio. Las aletas, la cola y otras partes blandas del
cuerpo han dejado impresiones detalladas en la roca.

Hay unos fósiles todavía más extraordinarios que muestran a un ictiosaurio hembra que parece estar dando a luz. La mayoría de los reptiles ponen huevos, pero estos fósiles de esqueletos muestran que los ictiosaurios daban a luz a sus crías en el mar. No se llegará nunca a saber completamente cómo se ha preservado en una roca esta actividad, pero es asombroso poder echar una ojeada a la vida de este ser desaparecido hace tanto tiempo.

El segundo tipo de reptil marino, el plesiosaurio, no se parece tanto a los peces como el ictiosaurio. El nombre plesiosaurio quiere decir "casi como un lagarto". La mayoría de los plesiosaurios, pero no todos, tenían el cuerpo grande, grueso y en forma de barril, el cuello muy largo, como el de una culebra, la cabeza pequeña con ojos grandes, y en vez de patas tenían aletas.

Los plesiosaurios vivían la mayor parte de su vida
en el agua. Pero los científicos piensan que podían
salir del agua arrastrándose sobre el estómago. Se
podían impulsar con las aletas, al igual que lo hacen
en la actualidad las tortugas marinas. ¿Por qué hacían
eso cuando les resultaba mucho más fácil moverse en

el agua? Bueno, los plesiosaurios, a diferencia de los
ictiosaurios, sí ponían huevos. Y los huevos de reptil
no pueden sobrevivir en el agua de mar. Los
plesiosaurios tenían que hacer este viaje tan difícil
para poner los huevos en tierra.

Había muchos tipos distintos de plesiosaurios.
El elasmosaurio era uno de los más extraños. Tenía
un cuello casi tan largo como un autobús urbano.
Podía ir nadando y moviendo la cabeza rápidamente
en cualquier dirección, atrapando incluso a los
peces más rápidos.

El cronosaurio era uno de los plesiosaurios más feroces. Tenía un cuello muy corto y una cabeza grande con mandíbulas poderosas y dientes muy afilados. Probablemente era tan feroz como el tiranosaurio.

El tercer tipo de reptil marino, el mosasaurio era el más feroz de todos. Se llamaba así en honor al río Mosa donde vivían aterrorizando a las demás criaturas marinas. Eran enormes, con una cola poderosa, el cuerpo largo y delgado, el cuello corto y la cabeza larga. Las mandíbulas contenían dientes afilados y dañinos. Éstos eran verdaderos monstruos marinos, que se alimentaban de cualquier otro animal que se les cruzara en el camino. El mosasaurio más grande era el tilosaurio. Era casi tan grande como un tiburón blanco grande y era igual de feroz.

Si bien estos reptiles dominaban los mares, había otros que reinaban en el aire. Los pterosaurios o "lagartos con alas" vivieron durante toda la era de los dinosaurios.

Los pterosaurios eran unos seres de forma ligera con el cuerpo pequeño y los ojos grandes. Tenían tres dedos con garras en cada mano y un cuarto dedo enorme que servía de apoyo para las alas. Éstas eran de distintos tamaños. Algunas eran tan pequeñas como las de los gorriones. Otro tipo tenía alas tan grandes como las de un avión.

Los científicos han descubierto dos tipos principales de pterosaurios: ranforincos y pterodáctilos.

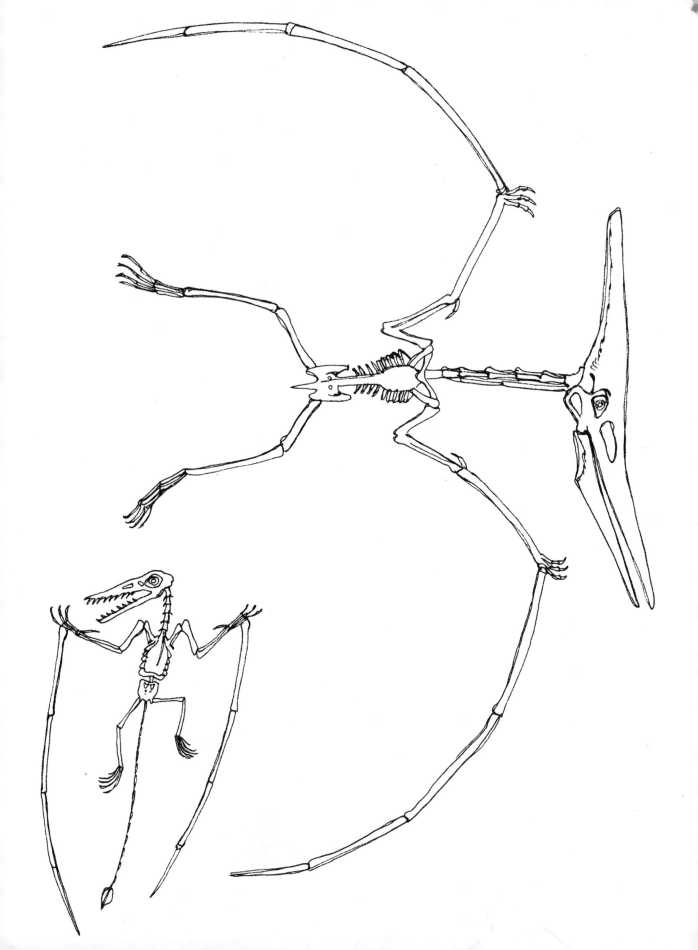

Los ranforincos tenían la cabeza muy grande y el cuello corto, y una cola larga con una especie de "paleta" en el extremo. La mayoría tenía muchos dientes puntiagudos y afilados. Los científicos han descubierto pruebas que demuestran que al menos algunos de estos seres estaban cubiertos de pelo de 7,5 centímetros de largo.

Los ranforincos eran unos seres de aspecto muy extraño. Uno de ellos, el dimorfodonte tenía una cabeza de veinte centímetros sobre un cuerpo de quince centímetros. Otro, el dorignatus tenía unos dientes muy largos y afilados que le asomaban por la boca.

El más conocido es el Ranforinco, que da su
nombre a este grupo de seres. Tenía un cuerpo del
tamaño de una paloma, pero las alas medían, de un
extremo a otro, un metro veinte centímetros. Tenía una
cola que era casi el doble de larga que todo el cuerpo.
Los científicos piensan que estos seres vivían cerca de las
costas. Se los imaginan volando en picado sobre la
superficie del agua agarrando peces con sus dientes
como puñales. La paleta que tenían al extremo de la cola
probablemente les ayudaba a cambiar rápidamente de
dirección cuando iban cazando a sus víctimas.

Los primeros pterodáctilos aparecieron cincuenta millones de años después de los primeros ranforincos. Durante algún tiempo, ambos tipos de seres dominaban los cielos, pero gradualmente todos los ranforincos desaparecieron. Los pterodáctilos eran mejores voladores que los ranforincos. Sus alas grandes estaban diseñadas para planear con gracia por el aire. El pterodáctilo típico tenía un cuerpo largo y delgado, un cuello largo y curvado y una cola muy pequeña. Muchos pterodáctilos no tenían dientes, pero algunos tenían los dientes más extraños que te puedas imaginar.

Había un pterodáctilo llamado ctenocasmo, que
quiere decir "boca de peine". Tenía cientos de dientes
como agujas afiladas en la boca, igual que un peine.

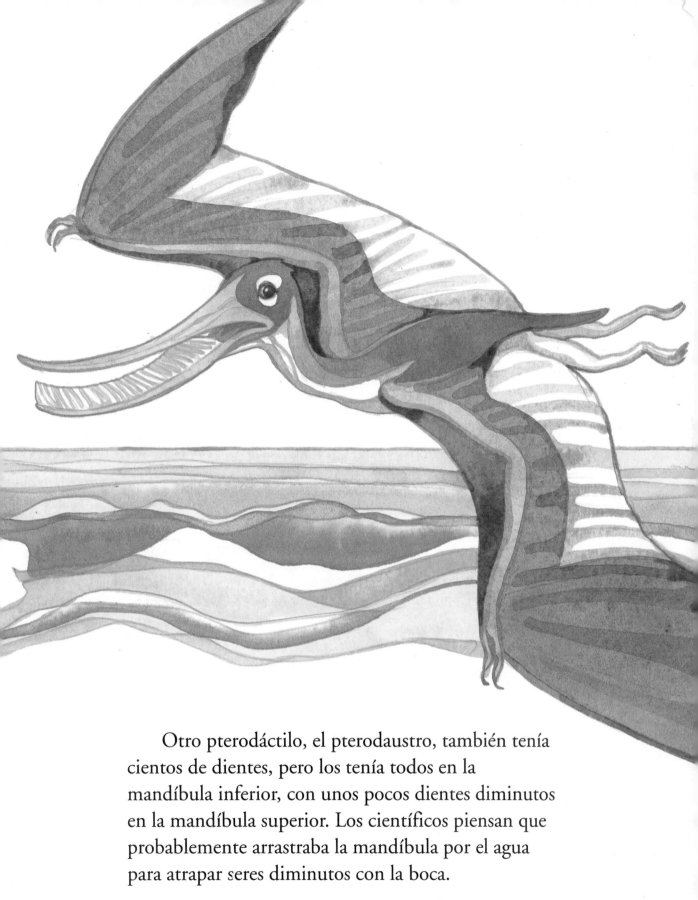

Otro pterodáctilo, el pterodaustro, también tenía cientos de dientes, pero los tenía todos en la mandíbula inferior, con unos pocos dientes diminutos en la mandíbula superior. Los científicos piensan que probablemente arrastraba la mandíbula por el agua para atrapar seres diminutos con la boca.

Uno de los pterodáctilos más grandes era el pteranodonte. Tenía un cuerpo del tamaño de un pavo aproximadamente, pero las alas medían unos nueve metros de un extremo a otro. El pteranodonte tenía una cresta insólita en la cabeza, dándole a ésta una dimensión de un metro ochenta centímetros de largo. Los científicos no saben por qué tenía una cresta tan grande. Es posible que le ayudara al pteranodonte a marcar el rumbo, o que le sirviera para llamar la atención de una pareja.

El pterodáctilo más grande que se ha encontrado, de hecho el ser volador más grande jamás conocido, era el quetzalcoatle. Este ser enorme era tan grande como un avión. ¡Las alas se extendían quince metros de un extremo a otro!

Algunos de estos reptiles voladores y nadadores se extinguieron antes del final de la era de los dinosaurios. Ninguno de los que hemos descrito en este libro vivió más allá del final de esa era. Lo que mató a todos los dinosaurios, también los mató a ellos. Algunos reptiles, tales como las serpientes, los lagartos, las tortugas y los cocodrilos, desde luego, viven todavía en la actualidad. Pero los reptiles ya no dominan ni los cielos ni los mares.

 ## ¡A divertirse con los dinosaurios!

¿Que harías si vieras un ictiosaurio arrastrado por el mar en la playa? Eso no es probable, pero la próxima vez que vayas a la playa puedes hacer tu propio ictiosaurio, utilizando arena. Probablemente necesites la ayuda de uno o dos amigos. Y te harán falta palas y cubos para recoger un montón de arena necesario para hacer este pariente enorme de los dinosaurios. Puedes copiar las fotografías que aparecen en este libro para hacer tu modelo. Quizás quieras utilizar piedras o conchas para los ojos. Cuando hayas terminado no te olvides de sacar una fotografía para recordar el día en que descubriste un ictiosaurio arrastrado por el mar a la playa.